Lothar Böttger

Zeiten ändern sich, Träume nicht.

Lothar Böttger

Zeiten ändern sich, Träume nicht.

Bilder betrachten, Worte bedenken, träumen und handeln

Bibliografische Information der Deutschen Nationalbibliothek:
Die Deutsche Nationalbibliothek verzeichnet diese Publikation in der Deutschen Nationalbibliografie; detaillierte bibliografische Daten sind im Internet über http://dnb.dnb.de abrufbar.

Cover: Lothar Böttger
Bilder: Lothar Böttger (Pseudonym Isen)

Herstellung und Verlag: BoD – Books on Demand, Norderstedt

ISBN: 9 783744 864329

Wie aktuell ist denn die Vergangenheit?   6

Nachtträume sind Schlafhüter   9

Tagträume sind keine Schäume   10

Worte und Bilder zum Tagträumen   12

Einst träumte ich   93

Rückblicke zum Besinnen   97

Wie aktuell ist denn die Vergangenheit?

Die Zeiten ändern sich, jedoch die Menschen mit ihren Träumen nicht.

Am sechsten Schöpfungstag machte Gott den Menschen nach seinem Bilde. Für ihn schuf er den Garten Eden mit vielen gutschmeckenden Früchten und vielen Tieren.

Weil der Mensch nicht alleine bleiben sollte, gab er ihm eine Gehilfin. So lebten Adam und Eva glücklich im Paradies. Jedoch er verbot ihnen, vom Baum der Erkenntnis des Guten und Bösen zu essen.

Der Teufel ist in der Welt der Feind Gottes. Er verbarg sich in eine Schlange und verführte Eva, vom Baum der Erkenntnis zu essen, damit sie wie Gott ist und erkennt, was gut und böse ist. Sie gab davon auch ihrem Mann und er aß auch.

Gott vertrieb sie aus dem Paradies. Adam und Eva hatten viele Kinder. Ihr Sohn Kain erschlug seinen Bruder. Die Menschen vermehrten sich, aus Familien wurde ein ganzes Volk. Die Menschen waren böse und es gab viel Unrecht. Gott strafte sie mit der Sintflut, verwirrte ihre Sprache, weil sie ihrer eigenen Kraft mehr vertrauten als Gott.

Die Menschen in Sodom und Gomorra waren gottlos und ihre Sünden schrien zum Himmel.

Nicht selten neigt man im Alltag dazu, von der Vergangenheit zu träumen. Da war ja alles viel besser!

Erinnert sei an Kriege, Großreiche sowie Völkerwanderungen. Zuerst ein Blick in den Dreißigjährigen Krieg:

Was die Soldaten, die Kroaten, „irgendwie ergattern konnten, haben sie ohne großes Federlesen niedergehauen, den Leuten die Zunge, Nasen und Ohren abgeschnitten, die Augen ausgestochen, ihnen Nägel in die Köpfe und Füße geschlagen, heißes Pech, Blei, Zinn und allerlei Unflat durch die Ohren, Nasen und den Mund in den Leib gegossen, sie gemartert, mit Stricken aneinander gekoppelt, und mit Büchsen auf sie geschossen, die Kinder gesäbelt, gespießt und in den Backöfen gebraten, Kirchen und Schulen schrecklich verunreinigt und viele Höfe, Flecken und Dörfer einfach angezündet und verbrannt.‟

Quelle: Martin Bötzinger, Leben und Leiden während des Dreißigjährigen Krieges 1648-1648 in Thüringen und Franken, Verlag Rockstuhl, 1997, S. 33

Und all das von Angesicht zu Angesicht! Neben diesen Gräueltaten gab es ein Massensterben durch Hunger und Seuchen. Von den 1618 ca. 18 000 000 Menschen des Reiches haben 6 000 000 ihr Leben verloren.

Durch den 1. Weltkrieg gab es etwa 17 Millionen und durch den 2. Weltkrieg 60 bis 65 Millionen Tote. Andauernde Kriege und Konflikte gibt es jetzt - außer Australien und Antarktis - in allen Kontinenten. Und heute? Deutschland ist der drittgrößte Waffenexporteur nach den USA und Russland.

Alle Großreiche sind zerbrochen. Erinnert sei an das Reich der Pharaonen, das Jahrtausende bestand, an das Weltreich Persien mit einer Ausdehnung vom Mittelmeer bis zum Indischen Ozean, an das große Karthago, das nach dem dritten Krieg nicht mehr auffindbar war, an das Römische Reich um das ganze Mittelmeer bis Babylon und Britannia und an das größte Reich der Weltgeschichte, eben an das Mongolische Reich.

Bei den Völkerwanderungen stellt sich die Frage nach der Ursache. War es zum Beispiel der Zerfall des Weströmischen Reiches oder die kriegerische Suche nach Beute und Versorgung.

Bei dem Wort Traum denke ich sofort an Jakobus Flucht nach Haran. Er kam an einen bestimmten Ort, wo er übernachtete, denn Sonne war untergegangen. Er nahm einen Stein dieses Ortes, legte ihn unter seinen Kopf und schlief dort ein. Dort hatte er einen Traum: Er sah eine Treppe, die auf der Erde stand und bis zum Himmel reichte. Auf ihr stiegen Engel Gottes auf und nieder.

Auch die heutige Zeit schreit nach Träumen und Taten.
Ist die Himmelsleiter auch Ihr Begleiter? Oh ja, es ändern sich die Zeiten, die Menschen nicht.

Das Buch sollte man nicht einfach lesen, vielmehr die wenigen Worte bedenken, Bilder betrachten, Pausen einlegen, träumen, träumen und handeln.

Träume sind Schlafhüter

Träume enthalten Ängste und Sehnsüchte. Sigmund Freud erlebte 1896 den Tod seines Vaters. Das traf ihn tief. Er wurde depressiv. Mittels seiner Träume und freien Assoziationen beschloss er, sich selbst als Patient anzunehmen. Durch die Selbstanalyse entdeckte er in Träumen den „Königsweg ins Unbewusste". 1900 veröffentlichte er „Die Traumdeutung". Er prägte auch die Worte „Träume sind Schlafhüter und nicht nur Schlafstörer".

Im Traum erlebt der Mensch mit intensiven Gefühlen verarbeitete sowie unverarbeitete Ereignisse des Tages mit lebhaften und auch skurrilen Bildern sowie mit sanften und schreienden Tönen.

Unerträgliche Erlebnisse sind nicht zu verdrängen, vielmehr selbst und mit anderen aufzuarbeiten. Dieses kann auch geschehen durch Musizieren, Malen Schreiben und anderen liebgewonnen Tätigkeiten.
Träume entstehen aus dem unbewussten Leben und stabilisieren letztlich das seelische Gleichgewicht. „Wo viel Sorgen ist, da kommen Träume." Prediger 5,2

9

Tagträume sind keine Schäume

Nach einem Arbeitstag Gutes erreicht oder Schreckliches erlebt wünscht man sich mit einem Gebet ein friedliches Einschlafen.

Nicht vergessen seien jedoch Menschen, die zwanghaft ständig arbeiten, eben rackern und unfähig sind, Pausen zum Besinnen und Träumen einzulegen.

Erinnert sei jetzt auch an gemeinsame Abende, wo jeder am Handy daddelt und sich erbarmungslos der Informationsflut hingibt. Jedoch der Mensch braucht mehr Stille als Informationen und Unterhaltung.

Ohne Handy Gespräche führen und sich nur gegenseitig anzusehen oder gemeinsam ein Bild still zu betrachten oder aus einem Buch etwas vorzulesen oder zu singen, zu musizieren, zu malen... hilft Tagträume zu wecken, zu genießen und zu handeln.

Tagträume gehören bei Kindern zum Alltag. Das Träumen am Tag hilft, Dinge, Ereignisse, Gefühle sowie Beziehungen zu entdecken und zu pflegen.

Tagträume enthalten tiefste Ängste und stille Sehnsüchte. Sie fördern Fantasie, Kreativität, Schöpfertum zum neuen Handeln.

Ein ins Gleichgewicht bringen von Tagtraum und Handeln stärkt die eigene Persönlichkeit und schließlich ein zufriedenes Miteinander.

Fragen Sie doch einmal bei einem gemeinsamen Zusammensein: „Woran denke ich wohl jetzt?" Viele Antworten lassen Gespräche folgen und zum Träumen am Tag anregen.

Vertrauen dahin. Irrewerden.

Träume deinen Traum.

Siehe meinen Traum.

Ein Traum erzählt.

Erzähle deinen Traum.

Ein Traum bewahrt.

Bewahre deinen Traum.

Träumen ist eine eigenartige Form
des Erlebens.

Der Mensch will Gott sein.

Er ist aber eine erbärmliche Kreatur.

Gottlosigkeit offenbart eigene Nichtigkeit.

Gottesfurcht erquickt die Seele.

Bei Not und Gefahr

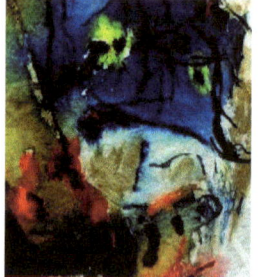

hilft ein Gebetsruf.

Pro Nacht träumt jeder Mensch 5-40 Minuten
drei bis sechsmal.

Jeder hat seinen Traum.

Gemeinsam kaum.

Träume ich!

Die Rote-Armee-Fraktion
ist noch aktiv?

Ein Traum gibt Vertrauen.

Polygynie bei Löwen Alltag.

Tagträume entspannen.

Von der Jenseitigkeit träumen.

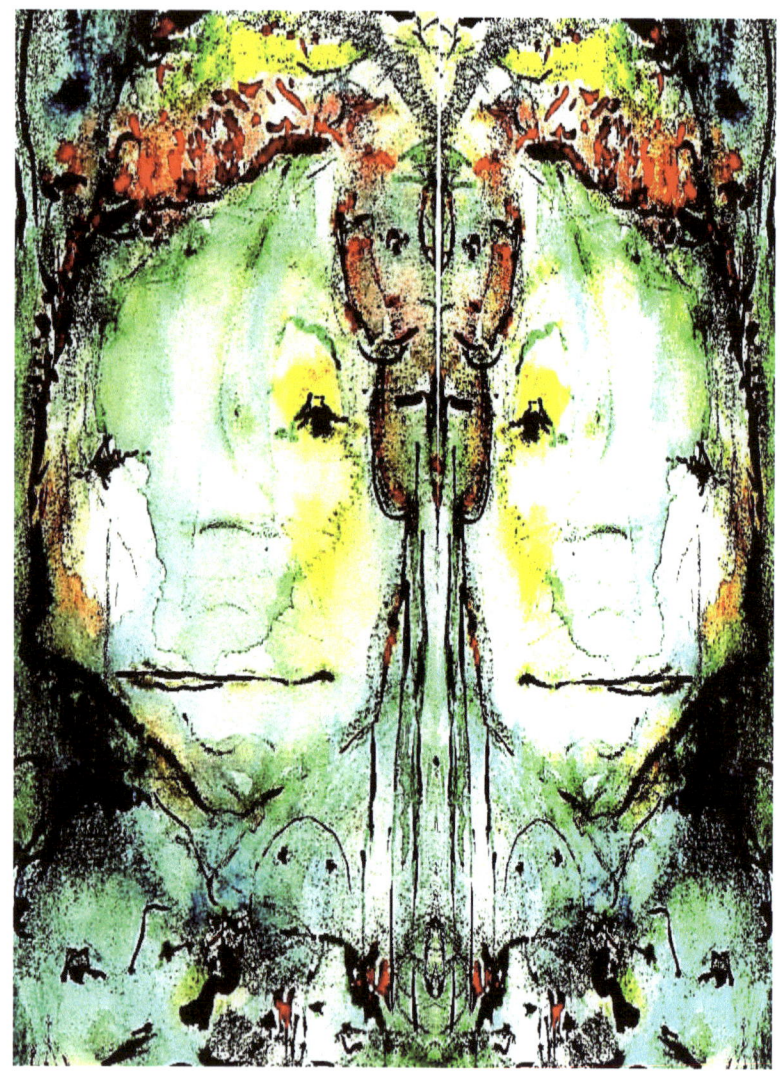

Jakobs Himmelleiter.

Einem Tier kann man vertrauen.

Menschen Kaum.

Der Mensch denkt.

Gott lenkt.

Ein Tagtraum ist kein Nachttraum.

Traue keinem Traum.

Hellwach handeln.

Angstträume zeigen Grenzen.

Träume sind keine Schäume.

EU uneins.

Länderinteressen missachtet?

ISEN 87

**Mit Tagträumen kann man dem Alltag
entfliehen oder ihn verändern.**

Ein Bußgebet

bittet um Vergebung.

Freiheit!

Wo bleibst du?

Lug und Trug kennt kein Erbarmen.

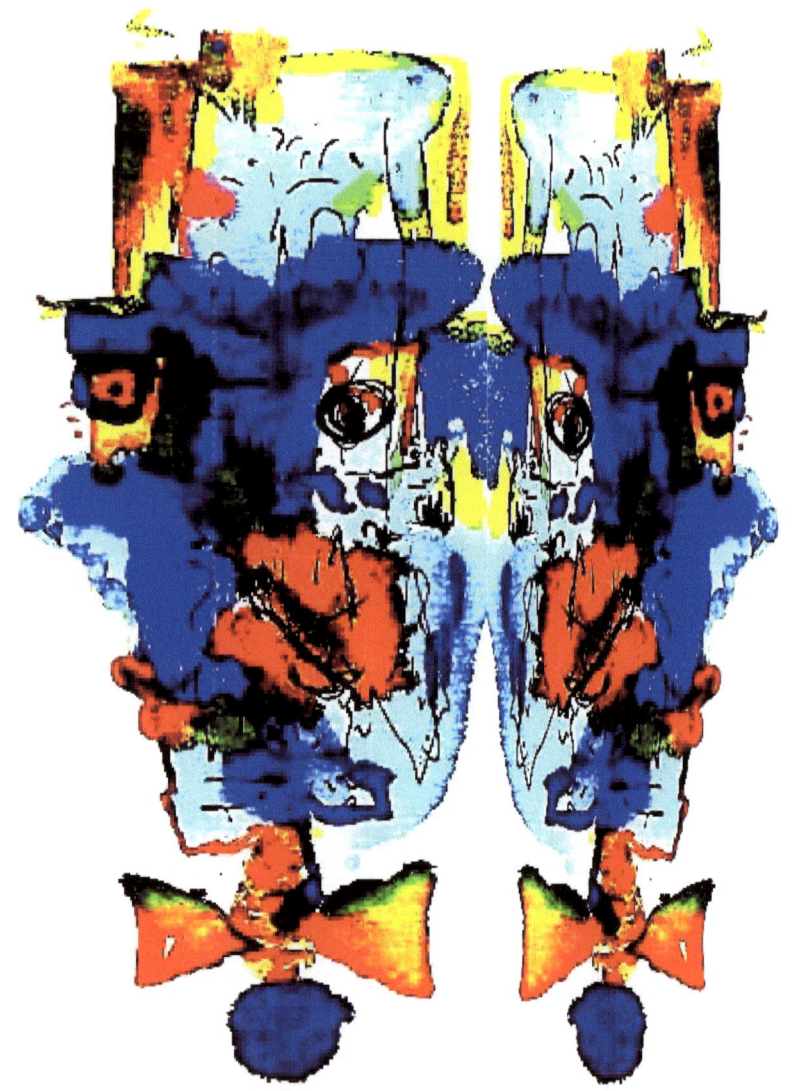

Weltenlohn ist Schall und Rauch.

Ein Wachtraum ist eine lebhafte
Fantasietätigkeit.

Sich ermächtigen.

Lügen ohne Scheu!

Sind Menschen für die Kirchen da

oder Kirchen für die Menschen?

Die Weite erleben.

Das Himmelstor erahnen.

Tagträume sind ungefährlich.

Flügel haben.

Auf dem Boden bleiben.

Tausende Gesetze gibt es.

Die zehn Gebote werden missachtet.

Berufsverbote.

Willkürmacht anstatt Demokratie.

Tagträumer soll man nicht stören.

Aufgeschriebene Träume bereichern.

Träume zeigen Unbewusstes.

Gemeinsames beten

festigt die Beziehungen..

Grausame Tagesreste schüren das Träumen.

Ein Erschrecken hilft nicht.

Zwischen Schlaf- und Wachzustand sprudeln
Ideen.

Der Blick in den Alltag gewinnt.

Träume werden zur Wirklichkeit.

Vielen Seelen irren und schreien.

Skurriles gehört auch zum Alltag.

Träume bekommen Flügel.

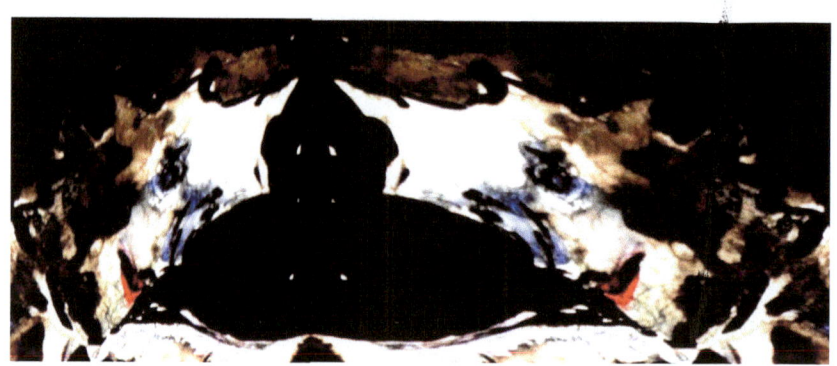

Tiefen und Höhen offenbaren sich.

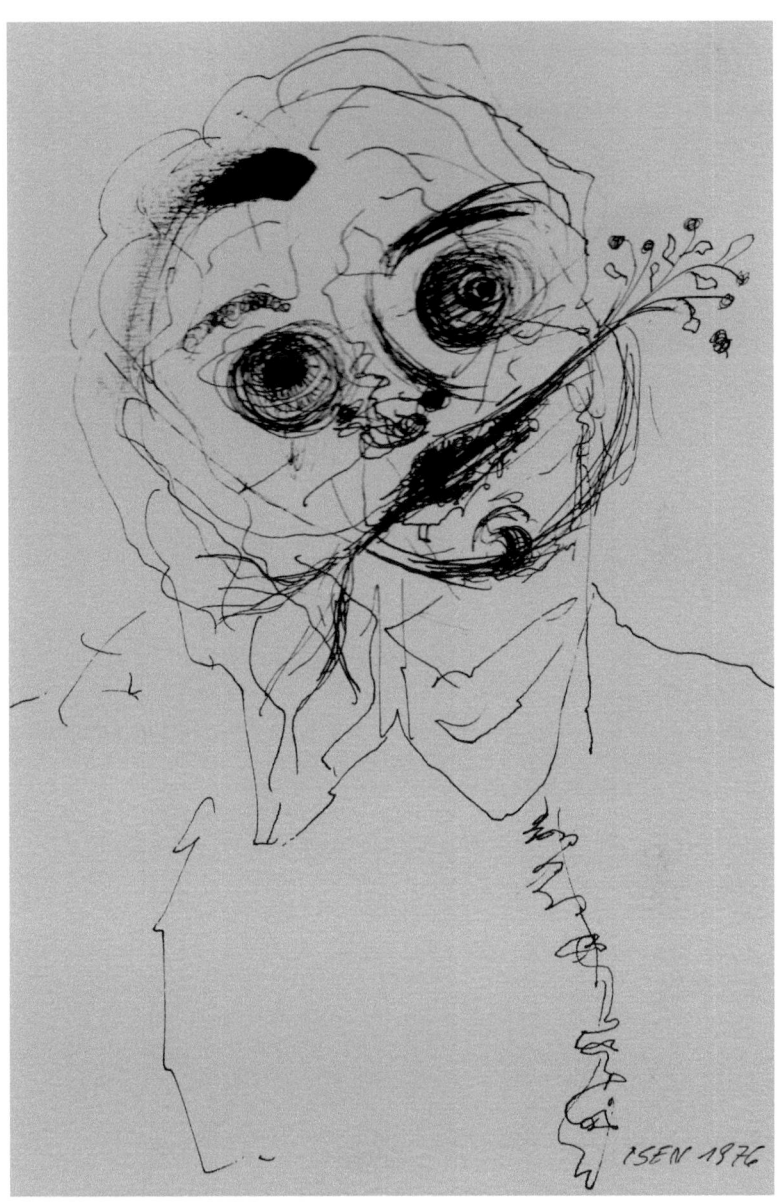

Träume erhalten die Gesundheit.

Grönland war einst Grünland.

Wein wurde angebaut.

Ein Ball ein Traum.

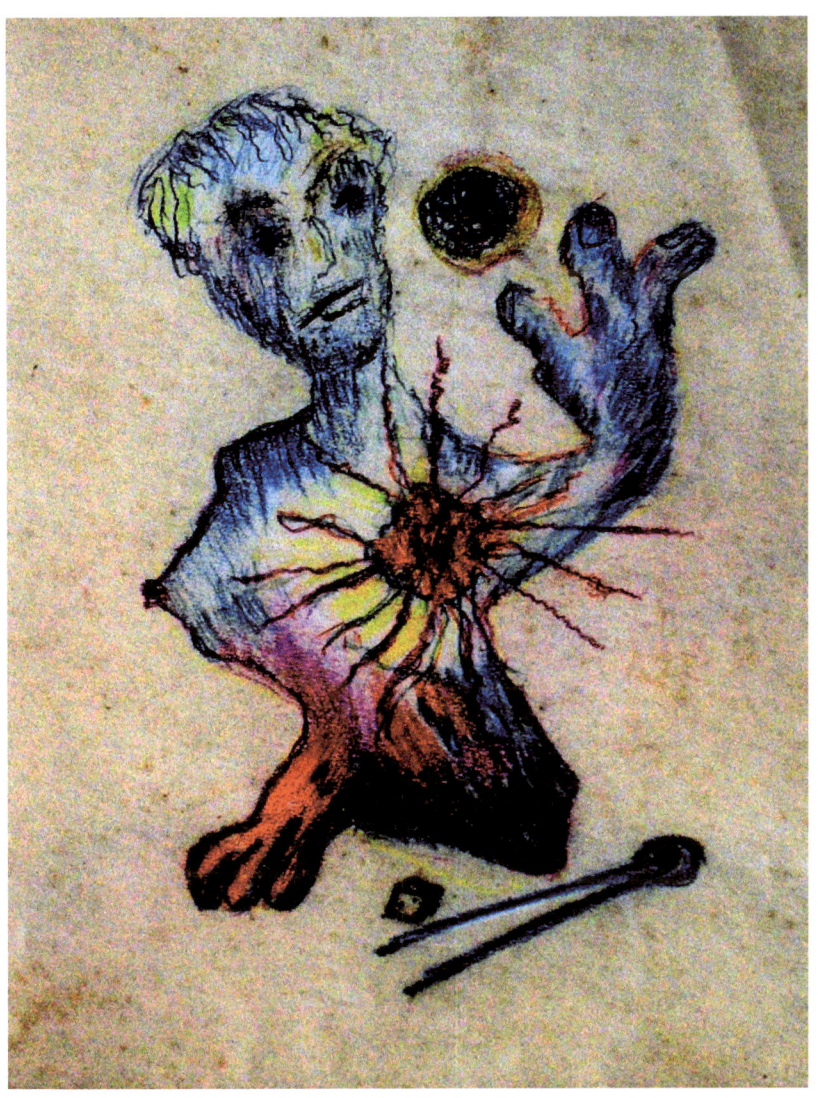

Die Würfel fallen. Zirkel fordern.

Der Pferdefuß stampft.

Träume grüßen, schreien
und lachen.

Ein Traum ist nicht ein Ein und Alles.

Träume vom schönen Leben.

Dschihad kennt kein Erbarmen.

Ein einäugiges Doppelgesicht.

Die Tarnmaske flieht.

Im Traum vom Pferd getragen.

Erstaunt und erwacht.

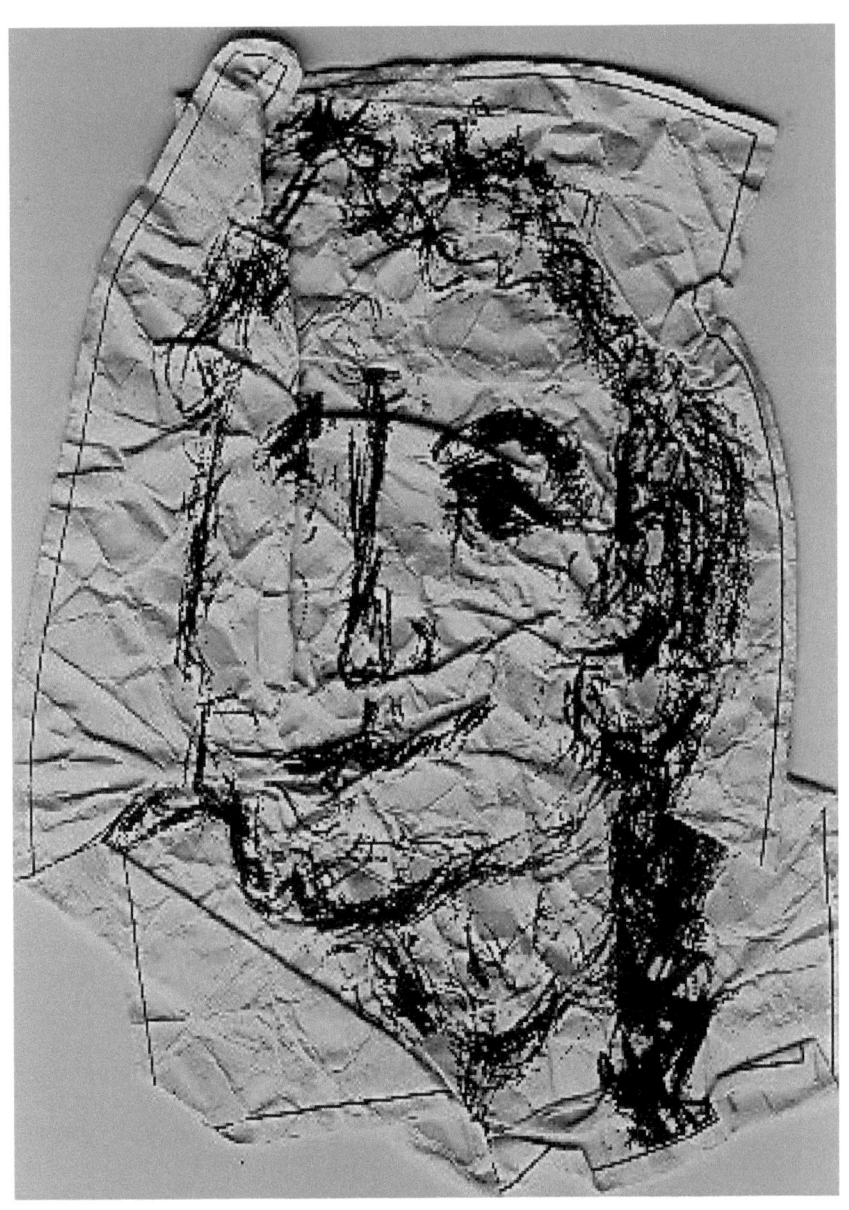

Traumdeutungen bleiben Deutungen.

Im Traum erwacht.

Viel sehen und schweigen.

Der Traumschützer kämpft.

Fürchtet euch nicht.

Christenverfolgung weltweit.

Christenschwund in Deutschland.

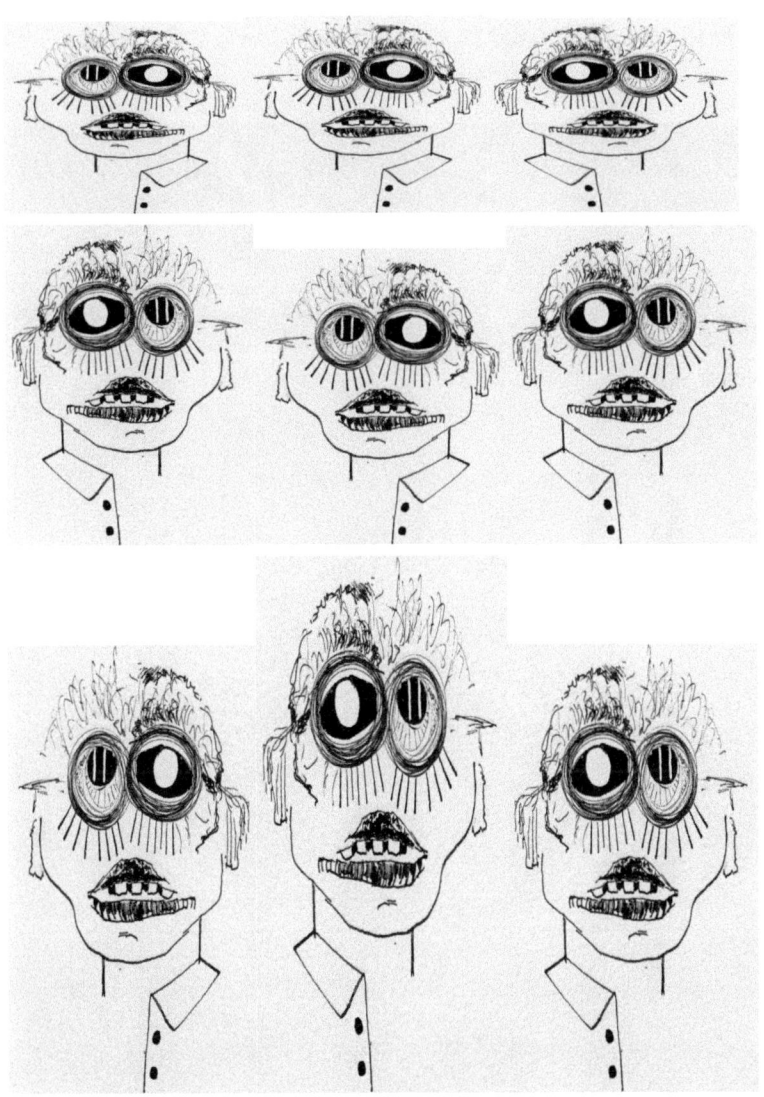

Traumdeutungen bestätigen oder
fordern Veränderungen.

Sisyphos sprießt nicht nur vor der Türe.

Er steckt auch in dir.

Der Teufel steckt im Menschen.

Sozialdarwinismus dadorthier.

Fressen und gefressen werden.

Prinzip der Ellenbogengesellschaft.

Alles verboten. Da bleibt nur ein Toben.

Einen Traum erlebt.

Leben wie in alten Zeiten.

Ein Traum. Ein Polarlicht.

Das man nicht vergisst.

Im Traum erschrecken.

Den Tag entdecken.

**Wer die Wahrheit sagt,
braucht eine Leibwache.** (Brecht)

Jesus vergessen!

Islamrecht für Europa?

Tanzen im Leben.

Ein ewiges Streben.

Träume können irritieren.

Desinformationen blühen.

Nichts ist wahr, alles ist erlaubt (Nietzsche)

Ein Baum, ein Traum.

Ihm kann man vertrauen.

Träumen vom Kommunismus.

Einem utopischen Zustand.

Träumen kann man vertrauen.

Nonsens und Lügen nicht.

Nihilismus entblößt Optimismus.

Träume bleiben Splitter.

Splitter warnen und offenbaren.

Politik mit Phrasen

schürt Politikverdrossenheit.

Mit Tieren träumen.

Menschen enttäuschen

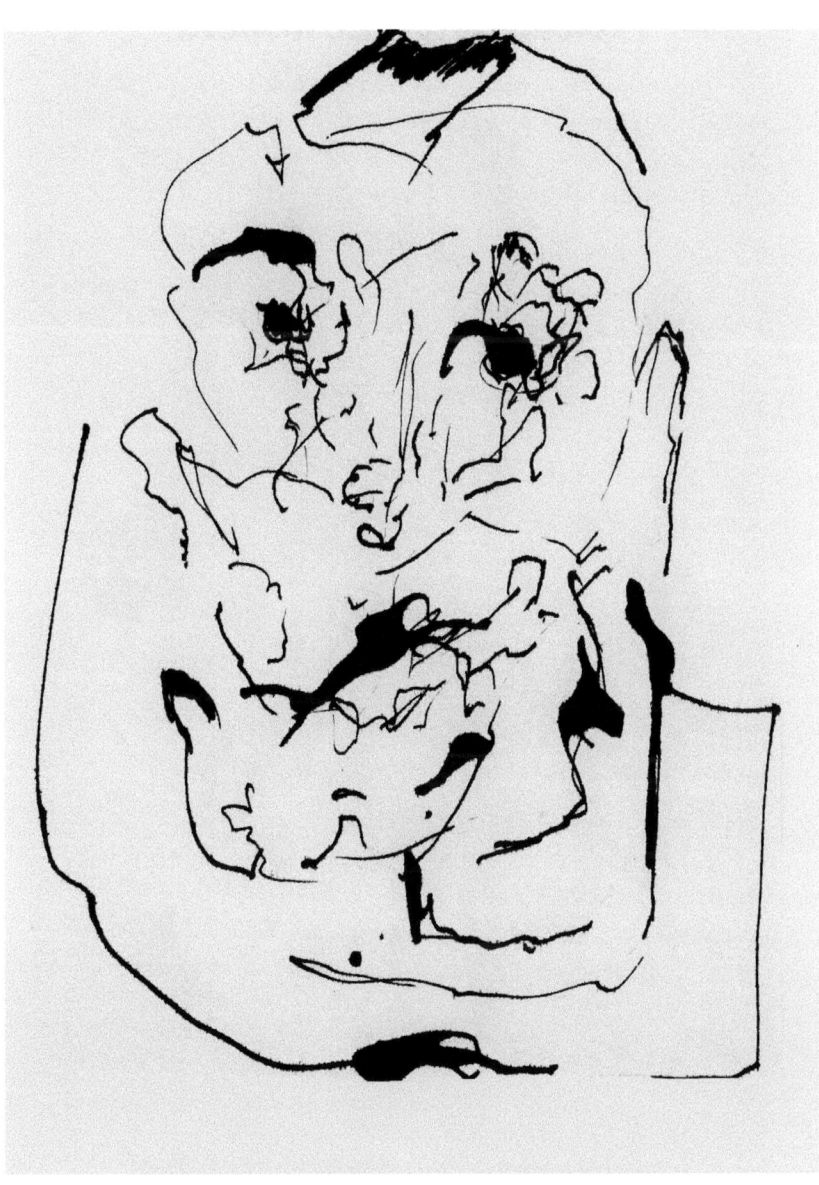

Nächstenliebe wo bleibst du?

Flüchtlinge kommen.

Einquartierung folgt.

Träume zeigen Wahrheiten.

Wahrheiten bleiben Scheiterhaufen.

Träume helfen beim Besinnen.

Ohne Handy und Co.!

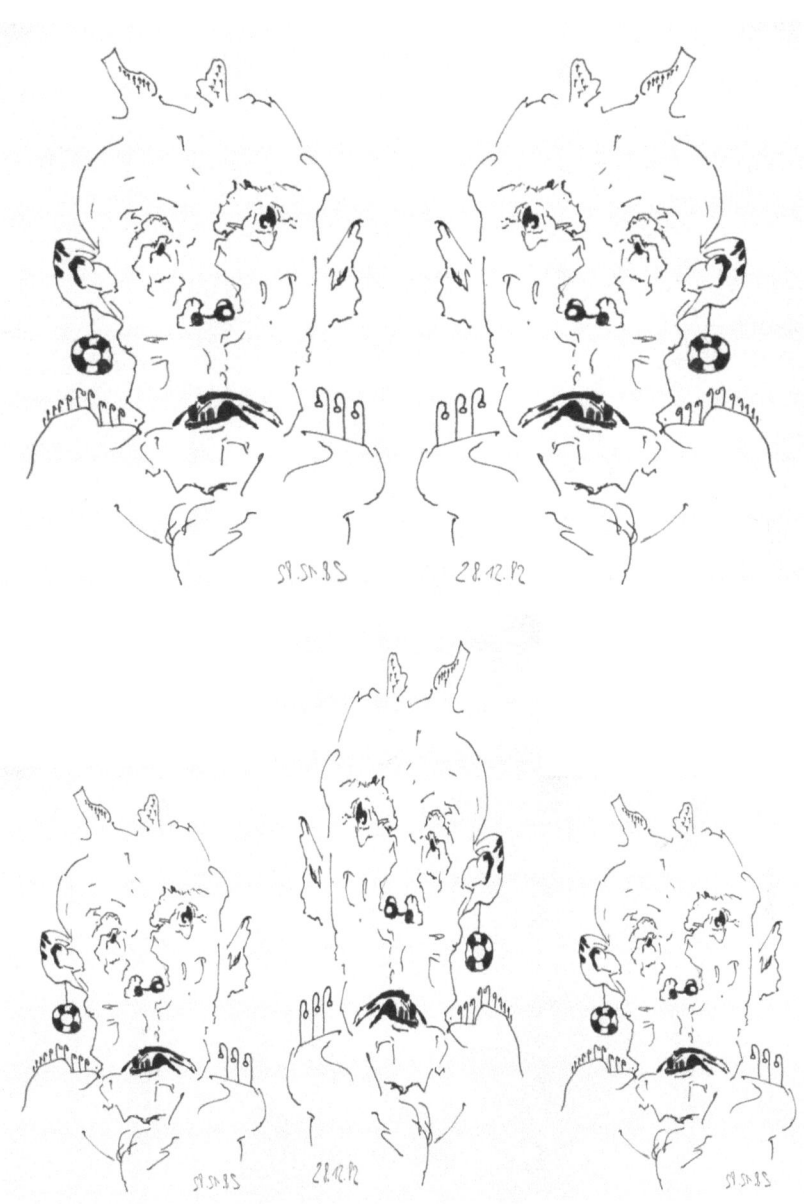

Was ist denn neu? Alles hat seine Zeit.

Ein Mädchentraum.

Lässt Herzen erbauen.

Bleibe im Lande

und nähre dich redlich. Psalm 37,3

Viel Elend erlebt.

Zu spät gestorben.

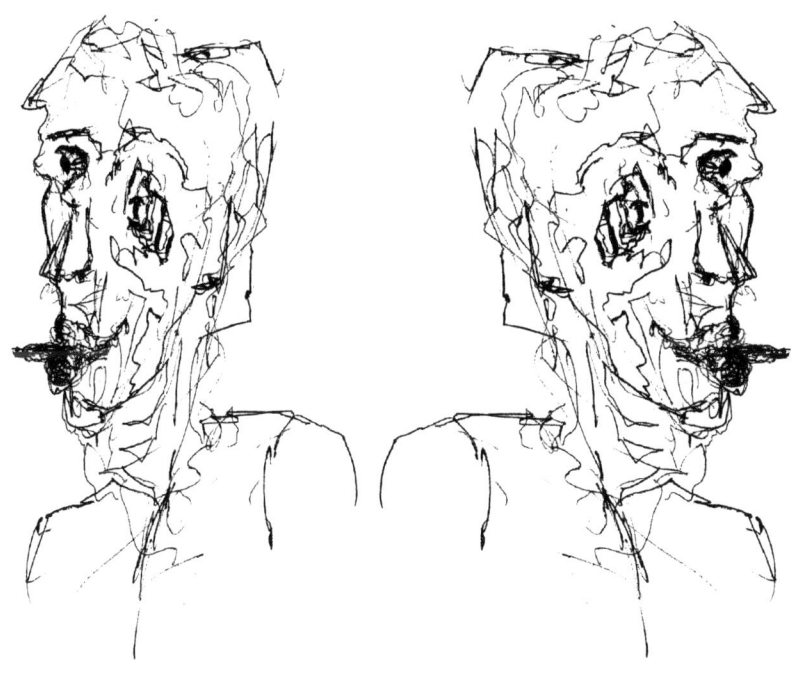

Im islamischen Staatsrecht gibt es nur ein Dar Al Islam und Dar Al Harb.

Friedensschluss zwischen Menschen.

Religionen sind Menschenwerk.
Menschenwerk bleibt Stückwerk.

Einst träumte ich

,,Am letzten Schöpfungstag machte Gott den Menschen. Es war die Eva. Eva schaute sich im Paradies um, sah die herrlichen Sträucher, auch mit Früchten, die mächtigen Bäume und viele kleine und große Tiere.

Sie dachte darüber nach, wo später ihre Kinder leben. Im Tal mit dem Fluss, auf den Bergen mit den Schafen oder am Meer mit tausenden Fischen.

Gott sah ihren Wunsch nach Kindern und machte Adam. Sie bekamen viele, viele Kinder, die glücklich im Garten Eden leben.

Jedoch Eva ließ sich von der Schlange verführen und aß mit Adam vom Baum der Erkenntnis. Sie erkannten, dass sie nackt waren und schämten sich. Eva zog sich einen Bikini an und Adam verdeckte seine Blöße mit den Händen.
Weil sie Gott nicht vertrauten, warf er sie aus dem Paradies raus und stellte als Wächter einen Engel mit einer Kalaschnikow davor.

Gott sagte, ich setze Feindschaft unter euch, den Nachkommen und ihren Nachkommen. Und ihr Sohn Kain
schlug seinen Bruder Abel tot. Neid, Bosheit und Kriege
folgten... bis in unsere – heutige – Zeit.

Im Traum sah ich Details der Kreuztragung von Hieronymus Bosch. Die Bilder waren mal kleiner, mal größer,
verschwanden und waren wieder ganz nah und deutlich.
Im Gedrängel hörte ich lautes Schreien."

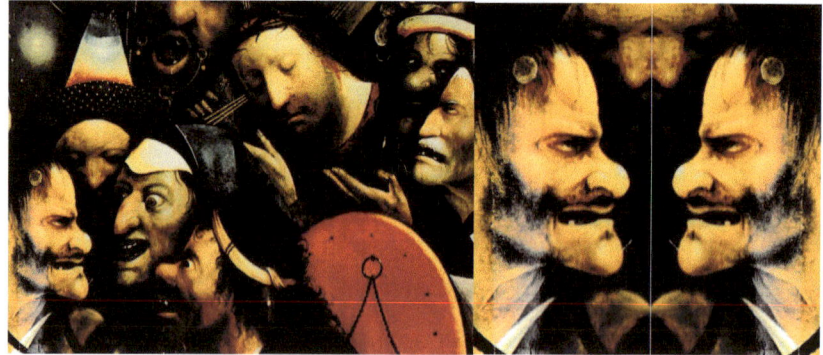

Bin ich meschugge? Nein, das war ein Traum. Schweißgebadet wachte ich auf. Ich atmete tief und langsam durch, faltete die Hände und betete:

Vater unser im Himmel,
geheiligt werde dein Name.
Dein Reich komme.
Dein Wille geschehe,
wie im Himmel, so auf Erden.
Unser tägliches Brot gib uns heute,
und vergib uns unsre Schuld,
wie auch wir vergeben unseren Schuldigern.
Und führe uns nicht in Versuchung,
sondern erlöse uns von dem Bösen.
Denn dein ist das Reich
und die Kraft und die Herrlichkeit in Ewigkeit.
Amen.

Am Nachmittag schaute ich mir fast eine Stunde lang in einem Buch die Kreuztragung von Hieronymus Bosch an. Gewiss liefen auch im Paradies die Löwen nicht friedlich neben Adam und Eva. Im Tierreich überlebt nach Charles Darwin nur der Stärkere. Auch unter einem großen Baum kann kein anderer gedeihen.

Und bei den Menschen? Lieben die Menschen ihre Nächsten wie sich selbst? Oder stehen sich die Menschen selbst im Wege? Erleben, praktizieren die Menschen Sozialdarwinismus? Sehnen sich die Menschen nach einem romantischen Paradies?

Wer hält sich denn noch an die 10 Gebote? Zur heutigen Zeit vermag ich nur zu fragen: Jesus, wo bleibst du?

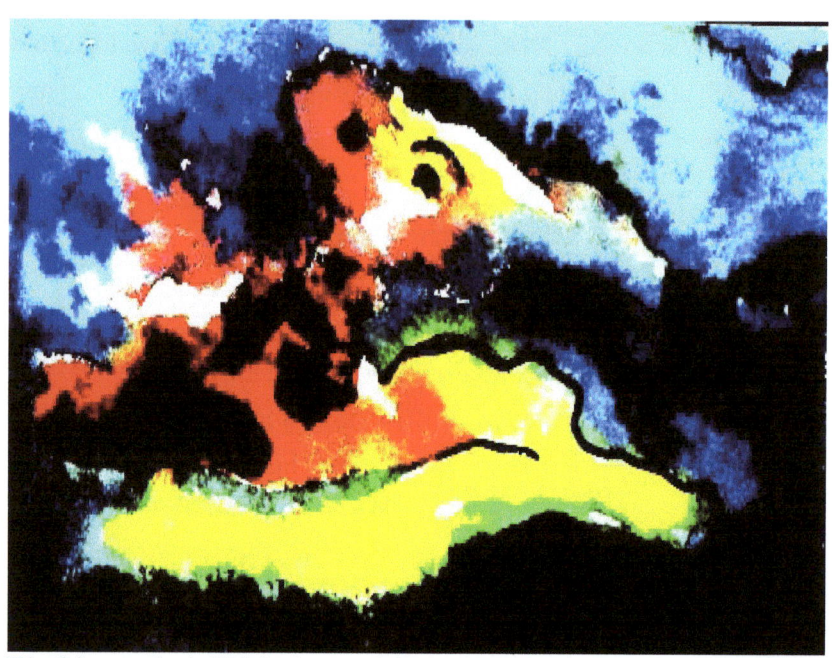

Eitel ist und vielfältig ist und Haschen nach Wind ist die Welt.

Kohelet (Altes Testament)

Rückblicke zum Besinnen

Träume deinen Traum. / Siehe meinen Traum. (12)

Ein Traum erzählt. / Erzähle deinen Traum. (13)

Ein Traum bewahrt. /Bewahre deinen Traum. (14)

Träumen ist eine eigenartige Form des Erlebens. (15)

Der Mensch will Gott sein. / Er ist aber eine erbärmliche Kreatur. (16)

Gottlosigkeit offenbart eigene Nichtigkeit. / Gottesfurcht erquickt die Seele. (17)

Bei Not und Gefahr / hilft ein Gebetsruf. (18)

Pro Nacht träumt jeder Mensch 5-40 Minuten drei bis sechsmal. (19)

Jeder hat seinen Traum. / Gemeinsam kaum. (20)

Träume ich! Die Rote-Armee-Fraktion ist noch aktiv? (21)

Ein Traum gibt Vertrauen. / Polygynie bei Löwen Alltag. (22)

Tagträume entspannen. (23)

Von der Jenseitigkeit träumen. Jakobs Himmelleiter. (24)

Einem Tier kann man vertrauen. / Menschen kaum. (25)

Der Mensch denkt. / Gott lenkt. (26)

Ein Tagtraum ist kein Nachttraum. (27)

Traue keinem Traum. / Hellwach handeln. (28)

Angstträume zeigen Grenzen. / Träume sind keine Schäume. (29)

EU uneins. / Länderinteressen missachtet? (30)

Mit Tagträumen kann man dem Alltag entfliehen oder ihn verändern. (31)

Ein Bußgebet / bittet um Vergebung. (32)

Freiheit! / Wo bleibst du? (33)

Lug und Trug kennt kein Erbarmen. / Weltenlohn ist Schall und Rauch. (34)

Ein Wachtraum ist eine lebhafte Fantasietätigkeit. (35)

Sich ermächtigen. / Lügen ohne Scheu! (36)

Sind die Menschen für die Kirchen da / oder die Kirchen für die Menschen? (37)

Die Weite erleben. / Das Himmelstor erahnen? (38)

Tagträume sind ungefährlich. (39)

Flügel haben. / Auf dem Boden bleiben. (40)

Tausende Gesetze gibt es. / Die zehn Gebote werden missachtet. (41)

Berufsverbote. / Willkürmacht anstatt Demokratie. (42)

Tagträumer soll man nicht stören. (43)

Aufgeschriebene Träume bereichern. / Träume zeigen Unbewusstes. (44)

Gemeinsames beten / festigt die Beziehungen. (45)

Grausame Tagesreste schüren das Träumen. / Ein Erschrecken hilft nicht. (46)

Zwischen Schlaf – und Wachzustand sprudeln Ideen. (47)

Der Blick in den Alltag gewinnt. / Träume werden zur Wirklichkeit. (48)

Vielen Seelen irren und schreien. / Skurriles gehört auch zum Alltag. (49)

Träume bekommen Flügel. / Tiefen und Höhen offenbaren sich. (50)

Träume erhalten die Gesundheit. (51)

Grönland war einst Grünland / Wein wurde angebaut. (52)

Ein Ball ein Traum. / Die Würfel fallen. / Zirkel fordern. (53)

Der Pferdefuß stampft. / Träume grüßen, schreien und lachen. (54)

Ein Traum ist nicht ein Ein und Alles. (55)

Träume vom schönen Leben. / Dschihad kennt kein Erbarmen. (56)

Ein einäugiges Doppelgesicht. / Die Tarnmaske flieht. (57)

Im Traum vom Pferd getragen. / Erstaunt und erwacht. (58)

Traumdeutungen bleiben Deutungen. (59)

Im Traum erwacht. / Viel sehen und schweigen. (60)

Der Traumschützer kämpft. / Fürchtet euch nicht. (61)

Christenverfolgung weltweit. / Christenschwund in Deutschland (62)

Traumdeutungen bestätigen oder fordern Veränderungen. (63)

Sisyphos sprießt nicht nur vor der Türe. / Er steckt auch in dir. (64)

Der Teufel steckt im Menschen. / Sozialdarwinismus dadorthier. (65)

Fressen und gefressen werden. / Prinzip der Ellenbogengesellschaft (66)

Alles verboten. / Da bleibt nur ein Toben. (67)

Einen Traum erlebt. / Leben wie in alten Zeiten. (68)

Ein Traum. Ein Polarlicht. / Das man nicht vergisst. (69)

Im Traum erschrecken. / Den Tag entdecken. (70)

Wer die Wahrheit sagt, braucht eine Leibwache. (Brecht) (71)

Jesus vergessen! /Islamrecht für Europa? (72)

Tanzen im Leben. /Ein ewiges Streben. (73)

Träume können irritieren. /Desinformationen blühen. (74)

Nichts ist wahr, alles ist erlaubt. (Nietzsche) (75)

Ein Baum, ein Traum. / Ihm kann man vertrauen. (76)

Träumen vom Kommunismus. / Einem utopischen Zustand. (77)

Träumen kann man vertrauen. / Nonsens und Lügen nicht. (78)

Nihilismus entblößt Optimismus. (79)

Träume bleiben Splitter. / Splitter warnen und offenbaren. (80)

Politik mit Phrasen / schürt Politikverdrossenheit. (81)

Mit Tieren träumen. / Menschen enttäuschen. (82)

Nächstenliebe wo bleibst du? (83)

Flüchtlinge kommen. / Einquartierung folgt. (84)

Träume zeigen Wahrheiten. /Wahrheiten bleiben Scheiterhaufen. (85)

Träume helfen beim Besinnen. / Ohne Handy und Co.! (86)

Was ist denn neu? Alles hat seine Zeit. (87)

Ein Mädchentraum. / Lässt Herzen erbauen. (88)

Bleibe im Lande und nähre dich redlich. Psalm 37,3 (89)

Viel Elend erlebt. / Zu spät gestorben. (90

Islamgebiet und Kriegsgebiet / Friedensschluss zwischen Menschen. (91)

Religionen sind Menschenwerk. / Menschenwerk bleibt Stückwerk. (92)

Der Mensch dachte. / Gott lachte. (96)

Träumen, beten und aufstehen! (100)

Träumen,
beten
und aufstehen!

 An welche Nachtträume erinnern Sie sich?

 Wovon träumen Sie am Tag?

 Welche Tagträume haben sich erfüllt?

Jahrgang 1943, Mittlere Reife in Eisenach, kirchliche Trauung 1966 und zwei Kinder. Arbeitete als Gebrauchswerber (Schauwerbegestalter), Lehrer, Fachberater für Kunst, Psychologe in Bad Salzungen, Eisenach und nach der friedlichen Wiedervereinigung im Schulamt der Landeshauptstadt Erfurt sowie am ThILLM als Moderator für Schulleiter und Ausbildner für Beratungslehrer. Veröffentlichungen von Arbeitsergebnissen erfolgten u.a. in der „SchulVerwaltung" des Carl Link Verlages und im Online-Familienhandbuch.

PS: Einige Bilder aus DDR-Zeiten wurden mit dem Pseudonym „Isen" signiert.

ISBN 978-3-86991-611-8, 129 Seiten

Gespräche über die Schule und ihre Lehrer bereichern das Familienleben, fördern die Zusammenarbeit mit den Lehrern und dienen einer gedeihlichen Entfaltung der Kinder.

Hierfür werden vielfältige pädagogisch- psychologische Themen und Aufgaben angeboten. Besonders anschauliche Einblicke und Ergebnisse aus Lehrerfortbildungen, Schüler- und Eltern- Beratungen sowie Projektarbeiten mit Schüler beleben Familiengespräche über die Schule.

ISBN 978-3-86991-910-2, 140 Seiten

Familien zerbrechen und gedeihen. Sich selbst und die Nächsten zu verstehen sind tägliche Herausforderungen.

Hierfür werden Wege zum Selbstbetrachten, Führen von Gesprächen und Handeln in der Familie angeboten.

Ergebnisse aus Fortbildungen, Familien- und Schülerberatungen sowie Projektarbeiten regen zum Diskutieren an.

ISBN 978-3-95645-708-1, 168 Seiten

Eine Familie will ständig gestärkt werden, um Dank zu ernten. Das geschieht durch Rückblicke auf die erlebte Erziehung sowie durch Anregungen für psychologische Familienstunden. Gedanken von Jugendlichen, Lehrern und Eltern regen zum Diskutieren an. Zum Sprechen und Handeln gibt es vielfältige Themen, Aufgaben, Fragen, Spiele und Moderationsmethoden. Mit diesem familienpsychologischen Handbuch können Sie, sich selbst entdeckend, häufig unterhaltend und hin und wieder rechtwieder provozierend, den Dank erarbeiten.

ISBN 9 783741 253386, 132 Seiten

Wenn Sie sich sagen: Ich bin stark und muss mich nicht kräftigen, dann legen Sie das Buch bitte weg!

Ich muss meine Psyche nicht pflegen, dann ist das Buch nichts für Sie.

Ich möchte mich fördern, selbst vorantreiben, weiter entdecken und entfalten,dann nähren Sie sich mit diesem Buch richtig.